Inhalt

Öffnung der europäischen Wassermärkte

Kernthesen

Beitrag

Fallbeispiele

Weiterführende Literatur

Impressum

Öffnung der europäischen Wassermärkte

F.Muretta

Kernthesen

- Während eine Liberalisierung der europäischen Wassermärkte weitgehend befürwortet wird, ist die Vollprivatisierung staatlicher Wasserversorgungsunternehmen aufgrund eines drohenden Verlustes an politischer Kontrolle nicht anzuraten. (6)
- Es existieren drei bekannte Grundmodelle für die Regulierung der öffentlichen Wasserversorgung (das deutsche, das angelsächsische und das französische Modell), deren Unterschiede auf die spezifischen historischen

Rahmenbedingungen in Deutschland, Großbritannien und Frankreich zurückzuführen sind. (1)
- Die deutsche Wasserversorgung ist traditionell stark kommunal ausgerichtet. Dies vermindert die internationale Konkurrenzfähigkeit. (1)

Beitrag

Die Versorgung der Bevölkerung mit Wasser ist ein wesentlicher Bestandteil der öffentlichen Daseinsvorsorge. Laut des von der EU-Kommission vorlegten Grünbuches soll eine Grundversorgung der Bevölkerung mit bestimmten Dienstleistungen zu erschwinglichen Preisen unabhängig von der Wirtschaftlichkeit der Herstellung einzelner Produkte und Dienstleistungen gewährleistet werden. (4), (6)

Wasserversorgungsnetze als natürliche Monopole

Wasserversorgungsnetze können als natürliche Monopole angesehen werden. Damit sind ökonomische Situationen gemeint, in denen ein einziger Anbieter den Markt effizienter versorgen kann als mehrere Anbieter. Markteintreter müssen in einer solchen Konstellation mit hohen sunk costs für den Aufbau eines parallelen Versorgungsnetzes rechnen, d. h. Aufwendungen für Startinvestitionen, die sich nicht rückgängig machen lassen. Außerdem verursacht die Pflege der Infrastruktur extrem hohe Fixkosten. Ein freier Markteintritt und austritt ist somit in der Wasserwirtschaft nicht möglich.

Im Gegensatz zu anderen Infrastrukturbereichen wie der Strom- oder Gasversorgung lassen sich Produktion und Netzbetrieb in der Wasserwirtschaft nur schwer voneinander trennen. Trinkwasser ist kein homogenes Gut wie etwa Strom, da es in unterschiedlichen Qualitäten hergestellt und angeboten wird. Eine Durchleitung von Trinkwasser von fremden Anbietern durch das eigene Versorgungsnetz ist somit aufgrund der Vermischungsgefahr keine Handlungsalternative. (1)

Privatisierung oder Liberalisierung

In vielen Infrastrukturbereichen wie beispielsweise Strom, Gas oder Telekommunikation finden seit einiger Zeit verstärkte Liberalisierungsanstrengungen statt. Im Kern geht es dabei um die Öffnung der

Märkte für Neuanbieter, die Reduktion von bestehenden Wettbewerbsbeschränkungen und die Förderung des offenen Wettbewerbs. Eine Liberalisierung zielt somit auf eine Veränderung übergeordneter ordnungspolitischer Prinzipien ab. Der häufig mit Liberalisierung in Zusammenhang gebrachte Begriff der Privatisierung bezieht sich hingegen nur auf Eigentumsverhältnisse. Die Frage lautet nun, wie sich eine Liberalisierung der öffentlichen Wasserversorgung auf den Ordnungsrahmen und die Marktstruktur auswirkt.

Die Wasserversorgung genießt in Deutschland gesetzliche Sonderregelungen. Im Rahmen von Konzessionsverträgen ist es möglich, dass Gemeinden ausgewählten Anbietern exklusive Wegerechte gewähren. Allerdings müssen sich die Versorgungsunternehmen nur selten auf die Sonderregelungen berufen, da ohnehin Anschluss- und Benutzungszwänge bestehen. [1], [2], [5]

Grundlagen der deutschen Wasserversorgung

Die rechtlichen Grundlagen der öffentlichen Wasserversorgung in Deutschland entwickelten sich schrittweise. Während in der vorindustriellen Phase von einer nahezu unbegrenzten Verfügbarkeit des Gutes Wasser ausgegangen wurde, konnten Anfang des 19. Jahrhunderts schon erste Verknappungen der Ressource festgestellt werden. Auf die vorherrschenden ungenügenden hygienischen Verhältnisse, die häufig der Auslöser für Epidemien waren, reagierte der Staat mit der Einführung von Erlaubnis- und Genehmigungsvorbehalten sowie mit der Schaffung von kommunalen Einrichtungen für die Wasser- und Abwasserversorgung. Zum ersten Mal fühlte sich der Staat der öffentlichen Daseinsvorsorge in Bezug auf die Wasserversorgung verpflichtet. Die Organisation fand schon früh auf Länderebene statt. In Bayern existierten beispielsweise schon 1852 drei Gesetze, die sich auf die Bewirtschaftung der Ressource Wasser beziehen. Eine bundesrechtlich verankerte, auf Umweltschutz und die Wahrung des Gemeinwohls ausgerichtete Wassergesetzgebung ist erst seit Mitte des zwanzigsten Jahrhunderts Realität. Mit der Verabschiedung des Wasserhaushaltsgesetzes von 1957 wurde dafür eine entscheidende Weiche gestellt. Dieses Gesetz beruht auf einer Rahmengesetzgebung des Bundes, welche von den Wassergesetzen der Länder näher spezifiziert wird. Die Zuständigkeit und Verantwortung liegt damit weiter bei den Bundesländern und wird von diesen auf mehrere Hierarchiestufen verteilt. Auf oberster Ebene, in den meisten Fällen durch das Umweltministerium vertreten, werden grundlegende strategische Entscheidungen getroffen. Die regionale Wasserwirtschaftsplanung fällt dagegen in den Aufgabenbereich der Bezirksregierungen und Regierungspräsidien auf mittlerer Ebene. Auf der unteren Ebene befinden sich die Städte und Landkreise, welche für die Überwachung und den Vollzug im Einzelnen zuständig sind. Für die Koordination der Zusammenarbeit zwischen den Ländern wurde die Länderarbeitsgemeinschaft Wasser (LAWA) ins Leben gerufen.

Zusammenfassend lässt sich feststellen, dass die Wasserwirtschaft einer strikt öffentlich-rechtlichen Bewirtschaftungsordnung unterliegt. Die wasserrechtlichen Rahmenbedingungen werden dabei zentralisiert festgelegt; der wasserwirtschaftliche Vollzug hingegen wird immer mehr auf regional organisierte Organe übertragen. (1), (3), (4)

Regulierungsmodelle

Im internationalen Vergleich der Liberalisierungsanstrengungen lassen sich drei Grundmodelle für die Regulierung von natürlichen Monopolen, wie sie in der Wasserwirtschaft anzutreffen sind, unterscheiden: Das deutsche, das angelsächsische und das französische Modell.

Alle drei Ansätze zielen darauf ab, eine effiziente Leistungserstellung in der kommunalen Wasserwirtschaft zu gewährleisten und gleichzeitig die politische Kontrolle zu sichern. (2), (6)

Das deutsche Modell

Das deutsche Modell ist kein Regulierungsmodell im engeren Sinne, da keine formale, externe Regulierung stattfindet. Die staatliche Einflussnahme wird jedoch sichergestellt durch die traditionell stark kommunale Orientierung der Wasserwirtschaft. Dies äußert sich in der verbreiteten Beteiligung der Kommunen am Betrieb von Wasserversorgungseinrichtungen und durch weitreichende staatliche Eigentümerrechte. Informationsasymmetrien zwischen öffentlichen Stellen und privaten Unternehmen treten selten auf.

Der Betrieb der Wassernetze, in der Regel organisiert oder kontrolliert durch kommunale Institutionen, wird streng getrennt von der restlichen Wasserindustrie behandelt. Diese umfasst alle Unternehmen, die in Zusammenhang mit der Wasserwirtschaft stehende Produkte und

Dienstleistungen anbieten und regulären Wettbewerbsbedingungen ausgesetzt sind.

Das Infrastruktursystem der Wasserversorgung in Deutschland ist darauf ausgerichtet, kommunale Wasserdienstleistungen ohne privatwirtschaftliches Gewinnstreben anzubieten. Statt Gewinnmaximierung wird Kostendeckung angestrebt. (1), (3)

Das angelsächsische Modell

Im angelsächsischen Modell werden private Monopole in der Wasserwirtschaft geduldet. Allerdings sind diese immer an externe Regulierungsvorschriften gebunden, um ein zu stark profitorientiertes Verhalten zu unterbinden. Die Begrenzung des Unternehmensgewinns stellt eine der wichtigsten Regulierungsmaßnahmen dar. Preise werden zumeist nicht reguliert, bis auf einige Ausnahmen, in denen beispielsweise eine zeitweise Festsetzung von Preisobergrenzen sinnvoll erscheint.

Der Staat hat weder einen direkten Einblick in, noch einen unmittelbaren Einfluss auf die Geschäftsabläufe privater Unternehmen. Das angelsächsische Modell ist damit gekennzeichnet durch ausgeprägte Informationsasymmetrien zwischen monopolistischen Anbietern und Staat. (1)

Das französische Modell

Im französischen Modell wird keine kontinuierliche Regulierung betrieben. Die kommunale Wasserversorgung wird vielmehr durch Zeitverträge (Laufzeit der Verträge bis zu 25 Jahre) zwischen Kommunen und privaten Anbietern geregelt. Demnach ist mit sehr wenig Wettbewerb zu rechnen. Im Gegensatz zum angelsächsischen Modell behalten die Kommunen aber ihren Einfluss auf die Entwicklung der örtlichen Wasserversorgungssysteme, da die bestehenden Wasserversorgungseinrichtungen lediglich verpachtet werden und dabei in kommunalem Eigentum verbleiben. (1)

Fallbeispiele

Weiterführende Literatur

(1) Regulierungsmodelle für die öffentliche Wasserversorgung und ihre Wettbewerbseffekte
aus Ifo Schnelldienst, Heft 21/2003, S. 9-16

(2) Wasser: EU lehnt eine Privatisierung klar ab Brüssel will Wassermarkt für mehr Wettbewerb öffnen
aus WirtschaftsBlatt, 22.10.2003, Nr. 1980, S. 18

(3) Deutsche ohne Chance AUSLANDSAUFTRÄGE
aus Impulse vom 01.11.2003, Seite 13

(4) Das Grünbuch der EG-Kommission zu den Leistungen der Daseinsvorsorge (*) Neue Konturen für einen alten Irrwisch?
aus Zeitschrift für Rechtspolitik, Heft 10/2003, S. 353

(5) Mehr Wettbewerb auf dem Energiemarkt durch die Einrichtung einer Regulierungsbehörde?
aus ifo Schnelldienst, Heft 19/2003, S. 3-13

(6) Europäische Liberalisierung des Wassermarktes
aus Europäische Zeitschrift für Wirtschaftsrecht, Heft 16/2003, S. 490

Impressum

Öffnung der europäischen Wassermärkte

Bibliografische Information der deutschen Nationalbibliothek

Die Deutsche Nationalbibliothek verzeichnet diese Publikation in der deutschen Nationalbibliografie; detaillierte bibliografische Daten sind im Internet über http://dnb.d-nb.de abrufbar.

ISBN: 978-3-7379-1588-5

© 2015 GBI-Genios Deutsche Wirtschaftsdatenbank GmbH, Freischützstraße 96, 81927 München, www.genios.de

Alle Rechte vorbehalten. Dieses Werk ist einschließlich aller seiner Teile – z.B. Texte, Tabellen und Grafiken - urheberrechtlich geschützt. Jede Verwertung außerhalb der Grenzen des Urheberrechtsgesetzes bedarf der vorherigen Zustimmung des Verlags. Dies gilt insbesondere auch für auszugsweise Nachdrucke, fotomechanische Vervielfältigungen (Fotokopie/Mikroskopie), Übersetzungen, Auswertungen durch Datenbanken oder ähnliche Einrichtungen und die Einspeicherung und Verarbeitung in elektronischen Systemen.